NOTICE

SUR LA

FAMILLE DE MOUSTIER

PAR

L'Abbé TIMON-DAVID

MARSEILLE
TYPOGRAPHIE ET LITHOGRAPHIE CAYER ET Cie
Rue Saint-Ferréol, 57

1871

NOTICE

SUR

LA FAMILLE DE MOUSTIER

I

Aucune ancienne ville n'est aussi pauvre que Marseille en souvenirs du passé. En vains sommes-nous fiers de nos vingt-quatre siècles d'existence, c'est un beau souvenir sans doute, mais nous n'avons jamais su le fixer sur le sol. On cherche des explications à ce fait étrange : les historiens en accusent les Sarrazins, les géologues s'en prennent à la mer, certains économistes prétendent que le commerce rapetisse les idées, comme si les républiques italiennes, avec leur immense négoce, n'avaient pas élevé leur gloire militaire, artistique et littéraire au plus haut point de sa splendeur (1). Cette indifférence pour le passé, ce mépris des jugements de l'avenir, ne sont-ils pas plutôt quelque chose d'inhérent à notre caractère marseillais? Nous sommes ce que furent nos pères : nous avons vu détruire sans opposition, de nos jours, la vénérable prison

(1) M. Méry, afin qu'aucun genre d'explication n'y manque, prétend que les douaniers, pour charmer leurs longues factions, ont jeté dans la mer tous les anciens monuments, pierre par pierre, en faisant des ricochets.

de saint Lazare et notre vieille cathédrale du XIIe siècle ; nous laissons notre admirable crypte de Saint-Victor dans un état d'abandon et de dépouillement qui ne nous laisse aucun remords, et il a fallu ce génie de destruction et de reconstruction qui domine la France, pour élever enfin ces beaux édifices, objets d'admiration sans doute pour nos arrière-neveux, mais nous laissant indifférents parce que, fruits de nos impôts, ils n'ont point d'autres souvenirs à nous raconter.

II

Ce qu'on dit de nos monuments on peut le dire de nos vieilles familles marseillaises. Ici point de noblesse comme dans les autres grandes villes de France ; notre aristocratie commerçante ou bourgeoise date presque toute d'hier. Nous sommes tous alignés, dans ce pays, comme les maisons de nos rues modernes ; la fortune et la grandeur conservent le cachet de leur origine plébéienne, et plusieurs qui travaillent encore de leurs mains, compteront un jour parmi nos millionnaires, heureux s'ils n'oublient pas trop facilement ce qu'ils furent ; heureux surtout s'ils savent léguer à leurs enfants, avec leur fortune, un héritage de vertu et d'honneur.

Ce n'est pas que nos vieilles chroniques ne nous aient conservé quelques noms illustres : Marseille, dans tant de siècles, a vu de grands citoyens, peu nombreux, il est vrai, parce que nous étions éloignés des grands centres politiques de la France, assez renommés cependant parmi nous, pour que nous ayons conservé leur souvenir. Mais la plupart de ces grandes familles se sont éteintes ; le temps, les révolutions, l'oubli surtout, atteignent peu à peu celles qui subsistent encore, et les plus grands noms de notre cité disparaissent alors même que la mort les épargne et que de nombreux héritiers semblent assurer leur durée.

III

Il y a quelque temps, un petit enfant de neuf ans se présentait à notre *Œuvre des Jeunes Ouvriers*. En l'inscrivant sur nos registres, nous fûmes frappé du nom qu'il portait, nom à jamais illustre dans les fastes de Marseille. Cet enfant ne l'ignorait pas, et autant que pouvait le permettre son âge, il répondit avec beaucoup d'exactitude aux questions que nous lui adressions. Fils d'un simple matelot illettré, ce petit garçon qui venait nous demander le bienfait d'une éducation chrétienne, était une de ces ruines dont nous parlions. Une longue suite de revers ne lui avaient laissé que son nom, et dans peu, sans doute, ce nom, très-commun à Marseille, allait se perdre pour jamais dans l'oubli. Cette famille si déchue nous inspira, précisément à cause de sa chute, le plus vif intérêt. Voués depuis tant d'années au service des jeunes ouvriers (1), il nous semblait que nous restions dans notre rôle en rendant ce service à l'un de ceux que la Providence nous confiait. Peut-être qu'en lui apprenant son origine nous le conserverions digne de ses aïeux et des soins que nous allions lui prodiguer. Nous crûmes aussi faire acte de patriotisme en sauvant la mémoire d'une des plus anciennes maisons de notre pays. Telle est la cause de ce petit travail qui n'a de remarquable que sa véracité. Puisse-t-il inspirer à d'autres la bonne pensée de s'occuper de tant d'autres familles marseillaises qui s'éteignent successivement dans l'oubli.

Nous avons en main les preuves de tout ce que nous avançons. Par un hasard fort rare, les de Moustier ont conservé la collection la plus complète de leurs titres de famille. Dispersés parmi les membres survivants des di-

(1) Notre Œuvre de la Jeunesse Ouvrière a été fondée le 9 mars 1846.

verses branches, le plus grand nombre de ces vieux parchemins étaient entre les mains de M. le chevalier de Moustier, capitaine d'infanterie en retraite à Cassis, qui a bien voulu nous les confier à la condition expresse que nous les remettrions, après lui, à celui de ses petits-neveux qui nous semblerait le plus digne de son nom. Nous avons travaillé sur ces documents originaux, nous les citons en note, et les tenons à la disposition de tous ceux qui voudraient en vérifier l'exactitude.

IV

1er DEGRÉ

Le premier auteur connu de cette famille est *Jacques* MOUSTIER (1), troisième consul de Marseille, en 1571. Peut être avec un peu plus de patience aurions-nous pu remonter plus haut; mais tous ceux qui sont entrés dans la salle des archives du Palais, savent l'impossibilité de faire aucune recherche, au milieu de l'inconcevable désordre de ces vieux registres, réunis de toutes les paroisses de l'arrondissement. Ce n'est qu'après l'ordonnance de 1667 (2) que la lumière commence à paraître. Puisse le département faire un jour la dépense d'un bon répertoire en faveur des paléographes amateurs des temps passés. Un employé intelligent et soigneux, ne fît-il que dix articles par jour, rendrait les plus éminents services à l'histoire locale de notre pays.

On sait que sous l'empire des anciennes ordonnances antérieures à la révolte de Niozelle (3), la charge de pre-

(1) GUINDON, t. 5, p. 10.

(2) En avril 1667, Louis XIV rendit à Saint-Germain-en-Laye une ordonnance qui prescrivait la tenue des registres de l'état-civil en double et la création d'un repertoire annuel.

(3) Louis XIV, en 1660, abolit le consulat et le remplaça par l'échevinage ; jusque-là le premier consul devait être forcément noble, mais l'échevin ne l'était pas. GUINDON, t. 6, p. 59, § XI.

mier consul appartenait de droit à la noblesse. Les deux autres consulats se donnaient à de notables commerçants. Nous ignorons ce qu'était Jacques, mais dès cette époque sa famille devait avoir un rang assez considérable, dans notre ville, pour mériter cet honneur.

Disons en passant que le premier consul de cette année était Pierre de Bouquier, d'une des plus anciennes maisons de Marseille, éteinte, il y a peu d'années, sans postérité mâle, dans la personne du modeste épicier que nous avons tous connu sur le Cours.

Nous ignorons la date de la naissance et de la mort de Jacques. Peut-être laissa-t-il plusieurs enfants, ancêtres des consuls dont nous parlerons à la fin de cette notice; nous n'en connaissons qu'un seul, c'est la principale illustration de la famille.

V

2e DEGRÉ

Désiré DE MOUSTIER, fils du précédent, naquit le 11 janvier 1551 (1). Son rôle fut très-considérable à Marseille, dans les événements de la *Ligue*.

L'opinion des auteurs qui ont écrit sur la *Ligue* est en général fausse et passionnée. Les écrivains royalistes avaient intérêt à l'avilir après leur triomphe; les historiens philosophes modernes ont trop suivi cette voie à cause de leur haine pour l'Eglise. Mais après les admirables travaux de M. de Chalambert (2), nous pouvons affirmer que la Ligue fut, après les Croisades, le plus beau mouvement populaire dont il soit parlé dans les annales des nations. Quoi de plus admirable, en effet, qu'un pays

(1) Pièces de famille, n° 2.

(2) *Histoire de la Ligue sous les règnes de Henri III et de Henri IV*, par Victor de CHALAMBERT. 2 vol. Paris 1854.

se levant tout entier pour la défense de sa foi! Si notre siècle ne peut le comprendre, l'histoire, plus impartiale, doit le buriner pour la postérité.

Pour bien saisir le rôle de *Désiré Moustier*, l'ami ou plutôt le collègue de *Libertat*, il est très-important de rappeler que les acteurs de ce grand drame se divisaient en trois camps bien distincts, trop confondus par les historiens de mauvaise foi pour les besoins de leur cause. Le peuple, la vraie France, reconnaissait la légitimité d'Henri IV, mais n'admettant pas de droit contre le droit, ce peuple catholique qui formait les 23/24e de la nation, d'après les calculs les plus exacts (1), ne voulait pas d'un roi protestant sur le trône de saint Louis. Ce fut le parti vainqueur, puisqu'il contraignit le roi à devenir catholique, mais ce fut sa seule récompense; du reste il n'en demandait point d'autre; le peuple de Marseille était là tout entier, c'est une des gloires les plus pures de notre pays.

A côté de ce grand parti catholique et français, il y avait les ambitieux, spéculant, comme toujours, sur les malheurs publics, se couvrant tour à tour du manteau de la religion ou du patriotisme, prolongeant de tous leurs efforts une guerre sans motif, après l'abjuration du roi. C'est la mauvaise Ligue, justement flétrie par les historiens, qui ont le tort de la confondre avec la première. *Cassault*, à Marseille, était à la tête de ce second parti, régnant par la terreur jusqu'au jour où le poignard de *Libertat* livra la ville au roi de France.

(1) « Eux-mêmes ne faisaient compte que d'un million, en 1597, « lorsque, invoquant la protection d'Elisabeth d'Angleterre et lui offrant « leur bras contre leur patrie, ils lui disaient par leur député, le sieur « de Saint-Germain : *Qu'elle obligerait un million de personnes de toute « qualité, dont le service ne lui serait peut-être pas inutile.* » *Procès-verbaux de l'assemblée de Chatellerault*, 1597. ROHRBACHER, t 26, p. 250. Or, la population de la France était alors de 24 millions.

Les royalistes formaient le troisième parti ; ce furent eux qui eurent tous les triomphes et toutes les récompenses après avoir écrasé la seconde Ligue derrière laquelle le peuple n'était plus ; alliés d'abord aux Anglais, tout en reprochant aux ligueurs de s'allier aux Espagnols, ils finirent cependant par devenir le grand parti national après la conversion du roi. Il y aurait bien à dire sur ce parti où il y avait autant d'ambitieux catholiques que d'ambitieux huguenots, se vendant à qui mieux mieux, enfin, et plus tard seulement de gens qui se firent royalistes par pure conviction, quand la résistance fut devenue sans objet. C'était le parti de *Désiré*.

La capitulation de Marseille et l'assassinat de *Cassault* ne se firent pas sans condition. Les travaux modernes ont révélé les turpitudes de ces marchés ; il y eut des articles publics et des articles secrets. *Désiré* ne se vendit pas, comme *Libertat*, pour de l'argent, ou du moins nous n'en trouvons aucune preuve. Parmi les déplorables traités de cette époque, celui-ci fut un des plus honorables. Nous le citons en entier, tel que Ruffi nous l'a conservé. Il montre quel personnage important était ce Moustier, qu'on jugeait assez influent dans la ville pour faire de sa nomination au consulat une des clauses de la reddition de Marseille.

« Nous Charles de Lorraine, duc de Guise, pair de France, gouverneur et lieutenant-général en Provence, promettons en foi et parole de prince, sous le bon plaisir du roi, au cas que la ville de Marseille soit réduite sous l'obéissance de Sa Majesté par le moyen du capitaine *Pierre Libertat*, qu'il sera viguier de ladite ville jusqu'au mois de mai 1597 ; le sieur Ogier Riquetti, 1er consul ; Gaspard Seguin, 2e consul ; Désiré Mostiers, tiers consul....

(1) *Histoire de Ruffi*, t. 1, p. 419.

Ce qui sera exécuté aussitôt que Sa Majesté sera reconnue en ladite ville de Marseille.

« Fait à Toulon, le 15 février 1596.

« CHARLES DE LORRAINE. »

On promit en outre à *Libertat* 60,000 écus d'or, somme énorme pour ce temps. *Libertat* sans doute avait couru de grands dangers ; il avait risqué sa personne, dépensé beaucoup d'argent, joué le tout pour le tout ; d'ailleurs ces marchés honteux pèsent sur la mémoire de presque tous les royalistes importants de cette époque. Sont-ce ces faits trop longtemps oubliés, n'est-ce pas plutôt ce nom de *Libertat* qui a effrayé les autorités, à la veille de l'entrée de Napoléon III dans l'Hôtel-de-Ville de Marseille ? Quoi qu'il en soit, la statue du héros si exalté par nos aïeux a été enlevée de son piédestal séculaire et elle git aujourd'hui cachée dans l'angle de la niche où nous l'avions vue si longtemps debout.

Nous ne trouvons aucune vente de ce genre à la charge de *Désiré Moustier* ; aussi son nom s'est-il conservé sans tache parmi ses descendants. Cependant le roi ne se contenta pas de le faire tiers consul pendant quelques mois. S'il n'eut pas de l'argent, comme *Libertat*, les honneurs lui furent prodigués et nous avons sous les yeux les lettres d'annoblissement que lui donna Henri IV (1), si heureux de la reddition de Marseille qu'il s'écria en l'apprenant : « Maintenant seulement, je suis vrai roi de France. »

« Henri par la grâce de Dieu.... à tous présents et àvenir, salut. Savoir faisons que nous devenant certiores que notre cher et bien-aimé Désiré Moustier, consul de notre ville de Marseille, s'est vertueusement employé, au péril et hasard de sa vie, au très humble et très fidèle ser-

(1) *Pièces de famille*, lettres originales sur parchemin, deux copies authentiques faites quelques années plus tard, numérotées 1, 2 et 3.

vice qu'il nous a rendu pour le rétablissement et heureuse réduction de notre ville de Marseille à notre obéissance, et continue à rendre en la fonction et exercice de sa charge, ce qu'il est maintenant constitué et pour les dépenses et indues exactions qu'il a souffert, reçu et enduré en ses biens et facultés par les traitres et proditeurs de sa patrie, pour être reconnu notre serviteur, et pour cette seule occasion être détenu longuement prisonnier et contraint de leur payer une partie de ses voïens et avoir toujours contenu les témoignages de son devoir naturel à notre service, ainsi qu'il nous a appert par les démonstrations de ses fidèles déportements que nous avons grande occasion pour marquer et témoignage d'yceux les élever, orner et décorer des honneurs, prérogatives et prééminences condignes et répondantes à ses mérites. A ces causes et autres grandes, bonnes et raisonnables considérations à ce nous mouvant, à vous icelui Moustier, ses enfants nés et à naître en loyal mariage, de notre pleine puissance et autorité royale, annobli et annoblissons et du titre de noble le décorons, voulant qu'en tous actes.. Donné à Amiens au mois de juillet 1596. »

Nous avons cité la plus grande partie de cette pièce importante, parce qu'elle montre quelle fut la nature des services de Désiré, ce qu'il souffrit pour la cause du roi, combien il fut loyal sujet et surtout parce qu'elle est la source de la noblesse de cette famille, que les plus grandes alliances et les plus nobles emplois devaient illustrer pendant deux cents ans. Nous avons sous les yeux ces lettres originales de noblesse sur parchemin, contenant le dessin colorié des armes des Moustier qui sont d'azur à deux dauphins adossés d'or. Lors du recensement fait par ordre de Louis XIV cent ans plus tard, en 1696, nous lisons sur l'*Armorial de Marseille* publié par M. le comte Godefroy de Montgrand, au n° 616 : « François Moustié, écrivain d'une des galères du roi : d'azur à deux dauphins adossés d'argent, » et au n° 786 : « Gabrielle de Sabran, d'azur à deux dauphins adossés d'or. » Evidemment ce sont les armes de la même famille. L'erreur vient de ce que dans les déclarations que faisaient les parties devant les commissaires du roi, c'est François qui s'est trompé en désignant deux dauphins d'argent, et Gabrielle qui était dans le vrai en donnant deux dauphins d'or. Les lettres originales d'Henri IV en font foi et d'ailleurs nous retrouvons les deux dauphins d'or sur un ancien arbre généalogique de la famille commençant au second degré pour finir au septième, et sur une thèse pour le doctorat imprimée et soutenue à Orléans par Pierre II en 1640 (1).

On remarquera encore les différences d'orthographe dans ce nom de Moustier. Ruffi l'appelle *Mostiers* ; Henri IV *Moustiers* avec un *S*, et sur le dos des mêmes lettres de noblesse *Moustier* sans S. L'*Armorial* dit *Moustié* sans R et sans S; le roi de Naples, deux cents ans après, *Mustiers*.

L'orthographe varie encore dans la particule qui est tantôt *de* et tantôt *du*. Le nom de baptême subit aussi des changements : dans le corps des lettres de noblesse, Moustier est appelé *Désiré* ; l'écrivain a mis sur le dos *Désirée*, et la critique de l'abbé de Briançon l'appelle *Désidéri Moustiers*. Ces variantes ne surprendront pas ceux qui ont l'habitude de ces vieux parchemins ; nos aïeux n'écrivaient pas mieux leurs noms que leur langue maternelle.

Désiré avait épousé Catherine Eydoux (2) ou d'Ay-

(1) *L'Armorial du Consulat et de l'Echevinage*, qui fait partie de la belle bibliothèque provençale de feu M. le marquis de Foresta, et qui appartient aujourd'hui à M. le comte de Clapiers, donne à Jacques pour armoiries : d'azur à deux dauphins, encollés d'or. La concession faite par Henri IV à Désiré n'est donc pas une concession proprement dite, mais une reconnaissance des armoiries de son père.

(2) Note du marquis de Foresta, ancien préfet du Loiret, pour la famille de Moustier.

doux (1), fille de Fouquet Eydoux et de Jeanne Chave. Il en eut deux garçons et une fille qui lui survécurent. Nous ignorons la date de sa mort.

VI

3° DEGRÉ

Le fils aîné de Désiré fut Pierre, Ier du nom, car tous les titres le qualifient ainsi, né le 3 juin 1595 (2), l'année qui précéda le meurtre de Cassault et la reddition de Marseille.

Il épousa, le 3 septembre 1620, à l'âge de 25 ans, Françoise de Gérente, (3) dame de la Bruyère et de Cabanes, d'une ancienne famille du pays, fille de Henri de Gérente, seigneur de Carri et de Magdeleine d'Andréa.

Je ne sais quand moururent ces époux ; ce fut sans doute peu après avoir fait leur testament qu'on ne faisait guère en ces temps qu'au moment de la mort, quand il se dictait devant notaire. Pierre testa le 24 décembre 1633, notaire Baldouin, à Marseille, et sa femme le 11 octobre 1674, notaire Trotebas, à Cassis. Je remarque cette circonstance, parce qu'elle montre que la famille de Moustier habitait déjà Cassis où ses descendants sont restés jusqu'à ce jour, c'est-à-dire depuis plus de deux cents ans.

De ce mariage naquirent trois garçons et deux filles :

1° Pierre, qui fit souche ;

2° Jean-Baptiste, né en 1626, au service dans les gardes-du-corps de Louis XIV, mourut de ses blessures au siége de Gravelines, en 1658 (4) ;

(1) Arbre généalogique de la famille.

(2) Pièce produite à la vérification de la noblesse, en 1667.

(3) Gérente et Jarente sont la même famille ; nous avons dit combien l'orthographe des noms propres variait facilement.

(4) Et non en 1644, comme le porte l'arbre généalogique, le siége de Gravelines, sous Turenne et le maréchal de la Ferté, ayant eu lieu en 1658.

3° Louise, qui épousa noble Scipion-Antoine de Foresta-Collongue, co-seigneur de Venel, fils puîné de noble Antoine de Foresta, baron de Trets et de dame de Raymond-Modène dame de Pomeral ;

4° Magdeleine, religieuse Bernardine, au quai de Rive-Neuve;

5° Henry, lieutenant dans le régiment de Vendôme, mort dans les guerres de Bordeaux, d'une blessure à la tête, à l'âge de 28 ans.

On voit que les usages de la noblesse sont fidèlement observés dans cette famille. L'aîné continue la maison; les cadets cherchent gloire et honneur sur les champs de bataille; les filles font de grands mariages, toujours très faciles quand l'aîné héritant de toute la fortune on ne demandait point de dot, ou bien se font religieuses. Les carrières de dévouement étaient seules ouvertes à ceux qui vivaient noblement; la noblesse devait cesser d'exister quand elle commença à vivre dans les carrières de la spéculation et de l'argent. Ces traditions se continuent dans les générations suivantes; la famille de Moustier succombera comme les autres quand elle les oubliera.

Désiré avait eu une fille, Catherine, mariée à sieur François Bensan, de la ville de Marseille, et un second fils, Anthoine, né le 2 novembre 1603 (1), second consul de Marseille en 1639, et plus tard premier consul en 1654 comme il en avait le droit en sa qualité de noble.

Le docte et aimable auteur de la *Peste de* 1720, M. La-

(1) A la vérification de la noblesse, en 1667, Anthoine produisit un acte de baptême qui le faisait naître en 1620. Evidemment c'est une erreur de M. Barcelon de Mauvans, car Anthoine n'aurait eu que 19 ans à l'époque de son premier consulat, en 1639. Puis il serait né 25 ans après son frère aîné, ce qui est peu probable ; Désiré, son père, né en 1551, aurait eu alors plus de 69 ans, ce qui e.t encore moins probable ; enfin, Anthoine s'étant marié en 1626, n'aurait eu que 6 ans, ce qui est impossible.

foret, le fait consul pendant la peste de 1650. La preuve qu'il en donne est tellement authentique qu'elle ne semble pas admettre le moindre doute. Nous en reparlerons plus au long dans l'appendice de cet opuscule. Contentons-nous de dire que le billet signé *Anthoine de Moustiers* en 1650 et que nous avons vu de nos propres yeux, ne prouve pas d'une manière absolument évidente qu'Anthoine fût alors consul ; il pouvait être seulement un des administrateurs de la *Santé*. Ce laissez-passer délivré à un sieur Burle : « Attendu que grâces à Dieu la santé est très bonne à Mar- « seille, » ne peut prévaloir contre les listes exactes publiées par Guindon (1) qui font Anthoine consul en 1639 et 1654 et donnent les noms de quatre autres consuls en 1650.

Anthoine épousa en 1626, selon les uns, Louise de Tachereau (2), et selon les autres, Rose de Granéri (3). Il y aurait là une erreur impossible; Anthoine n'a pu inventer le nom de sa femme en produisant ses titres de noblesse et M. le marquis de Foresta, généalogiste aussi habile que consciencieux, n'a pas imaginé cette Rose Granéri. Anthoine se maria sans doute deux fois.

Anthoine n'eut pas de garçons. De ses quatre filles deux moururent au berceau, les deux autres se marièrent peut-être; dans tous les cas, elles précédèrent leur père dans la tombe, puisque l'arbre généalogique de la famille le fait mourir sans enfants. Ces deux circonstances sont très-importantes pour l'histoire de Marseille, nous le verrons dans l'appendice.

Désiré, nous ne savons pour quelle cause, avait négligé de faire enregistrer au Parlement de Provence les lettres

(1) *Histoire de la commune de Marseille*, t. 5.

(2) Pièces produites en 1667.

(3) Note généalogique du marquis de Foresta. Ce doit être l'origine de la parenté des de Granier avec les Moustier.

de noblesse que lui avait données Henri IV, ce qui les rendait surannées de plein droit. Sur les réclamations faites par Anthoine et par son neveu Pierre II, le roi Louis XIII leur accorda des lettres de surannalités, à Lyon le 30 septembre 1630. C'est alors que l'oncle et le neveu durent produire les pièces mentionnées avec plusieurs inexactitudes, par Barcelon de Mauvans dans sa *Critique de la critique d'Artefeuil*, par l'abbé de Briançon (1).

VII

4e DEGRÉ

Pierre, IIe du nom, fils de Pierre Ier, né en 1623, fit sans doute ses études à Orléans, car nous avons sous les yeux une Thèse pour le doctorat en droit imprimée dans cette ville en 1640 et dédiée à son oncle Antoine, consul de 1639 à 1640 : « Clarissimo, nobilissimoque D. D. Antonio de Moustier, Massiliensium consuli meritissimo. Has ex utroque jure conclusiones D. D. Petrus de Moustier Massiliensis addictissimus nepos, auspice Christo, authoritate et consensu magnifici D. D. Colas antecessoris et rectoris totiusque amplissimæ juridicæ facultatis in celeberrima Aurelianensium academia, pro summis in utroque jure doctoralibus obtinendis propugnabit in auditorio publico die 2 mensis augusti. » Ce bel exemplaire in-4°, imprimé chez René Frémont, contient au frontispice une belle gravure des armes des de Moustier et une élégante dédicace qui suppose la mort de Pierre Ier, puisqu'il appelle son oncle son autre père : *Natura quæ te mihi patrem, jura quæ te mihi patronum ac vindicem dederunt...*

Pierre, revenu à Marseille, se maria trois fois. La pre-

(1) Pièces de famille, n° 6

mière, le 11 décembre 1656 (1), notaire Jean d'Arbès d'Aix, avec Honorade de Margaillé, fille de Pompée de Margaillé et de Marguerite de Bonnet. Quatre filles survécurent à ce mariage.

1° Magdeleine épouse Paul-Honoré de Figuières, conseiller à la Cour des comptes d'Aix.

2° Louise épouse Jean de Fouquier, guidon des gendarmes du duc d'Anjou, puis trésorier-général de France.

3° Marguerite-Cécile, religieuse Bernardine au couvent de Rive-Neuve.

4° Lucrèce, religieuse à l'abbaye royale de Saint-Sauveur de la place de Lenche.

Par contrat du 31 août 1672, notaire Symphorien Michelet d'Avignon, Pierre épouse en seconde noces Marie-Anne de Gérente sa cousine, fille de François II, seigneur de la Bruyère et de Cabanes, et de Magdeleine de Merles, dame de Beauchamp.

Une seule fille survécut de ce mariage, Cécile-Gabrielle, qui épousa, le 13 octobre 1694, son cousin-germain le chevalier François de Foresta-Collongue, III° du nom, fils de Scipion de Foresta-Collongue et de Louise de Moustier, son oncle et sa tante dont nous avons parlé plus haut. De ce mariage descendent les deux familles actuelles de Foresta et Timon-David (2).

Pierre, redevenu veuf, se remaria pour la troisième fois,

(1) D'après les titres produits en 1667, il se serait marié en 1651. Si de Mauvans n'a pas fait erreur, 1656 serait la date du contrat de mariage. Il serait cependant étonnant que le contrat eût été passé cinq ans après le mariage.

(2) Du mariage de François de Foresta et de Cécile de Moustier naît Jean-François de Foresta, qui a un fils, Maffée de Foresta, et une fille, Anne-Catherine. Maffée est le grand-père du marquis de Foresta, actuellement propriétaire du château des Tours ; Anne-Catherine épouse Jean Timon-David, grand-père de l'auteur de ces notes. Tous deux sont donc parents au dixième degré avec Julien-Marius-Victor de Moustier, pour qui ces lignes ont été écrites.

peut-être parce qu'il n'avait point eu de garçons de ses deux premiers mariages, quoiqu'il eût eu déjà seize enfants; peut-être aussi à cause de la riche et brillante alliance qui s'offrit à lui avec Gabrielle, de l'illustre maison de Sabran, fille de Jean-Baptiste de Sabran et de Magdeleine de Zabaret, dame de Volonne. Nous n'avons pas la date de ce mariage.

De cette troisième union naquirent encore neuf enfants, ce qui porte à vingt-cinq les enfants nés de ces trois mariages et non pas seulement à vingt-un, comme le dit Artefeuil qui ne parlait peut-être que de ceux qui vivaient alors.

Ces neuf enfants sont :

1° Joseph-Charles, l'aîné, que sa mère constitue son légataire universel. Il épouse demoiselle Coste. La tradition légendaire de la famille attribue une fortune si colossale à cette dame de Moustier-Sabran que nous n'oserions en donner le chiffre. Comme dans toutes les légendes grossies par les générations successives, il doit y avoir un fond vrai que nous ne saurions plus séparer du faux.

2. Marguerite, mariée en secondes noces à François de Cibon, lieutenant-général de la sénéchaussée de Marseille. Nous devons son acte de baptême à l'obligeance de M. Beuf, maire actuel de Cassis. « Le 21 octobre 1682, Marguerite de Moustier, fille de noble Pierre de Moustier, écuyer de la ville de Marseille, et de dame Gabrielle de Sabran, étant à Cassis pour faire leur récolte. Le parrain, Lazare de Vento sieur de la Baume, écuyer de Marseille ; la marraine, demoiselle Marguerite de Sabran.

3. Claire, mariée à Etienne de Cousinéry.

4. Marguerite, religieuse Augustine de Marseille.

5. Marquise, épouse de François-Antoiné de Meynier, seigneur de Roquefort.

6. Marie, épouse de M. de Ricard, conseiller du roi et son procureur à l'amirauté de Toulon.

7. François, lieutenant dans le régiment de Flandres.

8. Jean-Baptiste, garde de marine, mort dans un voyage en Chine à bord du vaisseau de M. de la Roque-Mador.

9. Elzéar, mort à Briançon, dans le régiment de Mirabeau. Un des fils d'une demoiselle de Sabran devait nécessairement s'appeler Elzéar.

L'arbre généalogique qui nous a conservé ces noms a fait sans doute une erreur. C'est probablement Jean-Baptiste qui était lieutenant dans le régiment de Flandres, et François qui était garde de marine, ou écrivain de galères, comme il est qualifié dans l'*Armorial de Marseille*, fait sur sa propre déclaration. Nous avons quatre brevets de garde de marine, d'enseigne-de-vaisseau, d'ordres d'embarquements. Tous portent Pascal-Elzéar de Moustier-Sabran, ce qui augmente la confusion des prénoms. Ces points accessoires confirment cependant cette remarque que tous les enfants de Gabrielle s'appelaient dès lors officiellement de Moustier-Sabran. Ils bénéficiaient de la grandeur de l'alliance de leur père.

Une si nombreuse postérité ne laissa cependant qu'un seul rejeton mâle.

VIII

5e DEGRÉ

Joseph-Charles, fils de Pierre II et de Gabrielle de Sabran. Nous n'avons pas son acte de naissance ; nous la fixerons cependant à peu près en 1680, puisque Marguerite, sa sœur cadette, naquit en 1682. Gabrielle devait être veuve en 1696, puisque c'est elle qui sans son mari et en son nom propre déclara les armoiries de sa nouvelle famille aux commissaires du roi.

Nous avons trois parchemins sans prénoms que nous croyons pouvoir attribuer à Joseph-Charles, puisque seul de ses frères il demeura à Cassis.

Le premier, du 5 mars 1710, la 67e année du règne de Louis XIV,est un magnifique parchemin signé Louis, qui nomme le sieur de Moustier, capitaine de la compagnie de Cassis.

Le second est une commission de major garde-côte de la capitainerie de la Ciotat, signé Louis (Louis XIV) et contre-signé L.-A. de Bourbon (le comte de Toulouse).

Le troisième, du 4 novembre 1746, signé Louis et contre-signé J.-L.-M. de Bourbon (le duc de Penthièvre), le nomme capitaine de la compagnie du Beausset. Joseph-Charles était donc militaire dans ces trois pays où la tradition de sa famille veut qu'il eût de grands biens. Seulement, au lieu de servir comme ses frères sur les champs de bataille, il commandait ces compagnies sédentaires que les désastres des dernières années de Louis XIV avaient fait établir le long des côtes.

De son mariage avec demoiselle Coste, Joseph-Charles eut deux filles, dont nous ignorons la destinée, et un fils.

IX

6e DEGRÉ

Joseph-Jean, né le 26 octobre 1719, mort à Cassis le 20 janvier 1816, à l'âge de 96 ans et trois mois.

Nous avons le dossier le plus complet sur Joseph-Jean, et j'avoue que nous en avions besoin pour raconter les circonstances vraiment extraordinaires de sa longue existence.

La tradition de son fils, M. le capitaine de Moustier, prétend qu'il fut d'abord lieutenant dans un régiment de dragons. Ce renseignement ne peut qu'être certain, mais il dut quitter de bonne heure le service de terre pour celui de mer, car nous lisons dans sa première commission du roi des Deux-Siciles, du 1er avril 1750 : « Le roi, d'après l'exposé qui m'a été soumis par M. Joseph Dumoustiers de Sabran pour le service de la marine qu'il a fait en France, et en considération du désir qu'il manifeste d'être admis dans mon service, ayant fait une campagne comme volontaire, je lui confère l'emploi d'enseigne de frégate dans mon escadre. »

Nous ne savons pourquoi Joseph quitta le service de la France pour celui des Deux-Siciles. Toujours est-il que nous avons sous les yeux les huit brevets originaux, en langue espagnole, qui nomment successivement Joseph de Moustier à tous les grades de la marine des Deux-Siciles et un état de ses services présenté par son fils au gouvernement napolitain après la mort de son père. Nous le copions en entier.

ÉTAT GÉNÉRAL

DES SERVICES SUCCESSIFS DANS LE ROYAUME DE NAPLES

DE M. JOSEPH DEMOUSTIER DE SABRAN

Né à Cassis, arrondissemenl de Marseille, département des B.-du-R. le 8 octobre 1719 et y décédé le 19 janvier 1816, âgé de 97 ans.

N° d'ordre des Brevets	DATES DES NOMINATIONS.	GRADES DANS LESQUELS IL A ÉTÉ PROMU.	Durée du Service dans chaque grade		
			ans	mois	jours
1	1er avril 1750...	Enseigne de frégate...........	5	8	3
2	3 décemb. 1755	Enseigne de vaisseau.........	3	2	23
4	26 févıier 1759.	Lieutenant de frégate..........	3	11	27
4	23 janvier 1763	Lieutenant de vaisseau.......	9	2	22
5	15 avril 1772...	Capitaine commandant une comp. du bataillon de marine.	9	3	25
6	10 août 1781 ...	Capitaine de frégate gradué....	1	11	20
7	1er août 1783...	Capit. de frégate, commandant.	7	»	12
		Total général des Services.....	37	5	12
8	12 août 1790 ..	Capitaine de vaisseau..........	Permission de se retirer dans ses foyers, avec traitement intégral.		

Si nous ajoutons à ces trente-sept ans et demi, l'année de navigation comme volontaire, sa navigation antérieure dans la marine française, son temps de service dans la cavalerie où il était lieutenant de dragons, nous arrivons à un des chiffres les plus forts qu'il soit donné à un militaire d'atteindre, c'est-à-dire plus de cinquante ans de service.

Ces cinquante années de service, ces 97 ans d'âge sont quelque chose d'assez étonnant, mais voici qui l'est encore plus.

Joseph avait épousé en première noces demoiselle Ursule Le Gras, d'une très bonne famille du pays. Il en eut trois fils et une fille; tous moururent sans postérité du vivant de leur père. Ce furent Louis-Dominique et Joseph-Charles-Diègue, morts fort jeunes ; Pascal-Antoine-Elzéar, assassiné dans les colonies, et Marie-Madeleine-Gabrielle-Adélaïde, dont nous ignorons la destinée.

Vers la fin de son service de mer, Joseph avait perdu la vue. Retiré à Cassis, il avait une bonne qu'il affectionnait beaucoup; elle lui donna un garçon le 8 février 1789; il avait alors 70 ans. Les couches se firent secrètement à Toulon. Mais cet enfant était le seul héritier de son sang; Joseph épousa la mère pour lui donner son nom, le 20 juillet 1790 ; il avait alors 71 ans 1/2. Cette seconde femme d'ailleurs, malgré l'infériorité de sa condition, était d'une des plus illustres familles de Marseille. Rose de Bouquier appartenait à cette maison qui a donné tant de consuls et d'échevins à Marseille. On ne peut blâmer Joseph d'avoir loyalement réparé sa faute et cependant, par un châtiment qui n'est que trop commun, Dieu permit que cet enfant né avant mariage fût la ruine de cette ancienne famille, tombée depuis au plus bas degré des conditions sociales, tant est vraie cette maxime des livres saints : *Miseros facit populos peccatum.*

Ce fut, du reste, l'histoire d'une très grande partie de la noblesse française; la révolution de 89 n'a détruit qu'un ordre de choses qui s'était suicidé lui-même par l'immoralité de sa conduite et l'impiété de ses croyances, bien avant ce cataclysme.

Mais nous avons dit que ce mariage devait produire un des faits les plus étonnants qu'on puisse raconter : en effet, marié à 71 ans 1/2, Joseph eut encore cinq autres enfants de sa seconde femme. Nous avons les cinq extraits de baptême sous les yeux, ce qui nous permet d'en donner la liste :

1° L'aîné, Charles-Elzéar-Victor, dont nous avons parlé.

2° Joséphine-Françoise, épouse M. Icard dit Bataclini, capitaine d'infanterie. Ces deux époux sont morts, laissant un fils qui vit encore.

3. Françoise-Gabrielle, morte fille.

4. François, mort fort jeune.

5. Marie-Adélaïde, morte fille.

6. J.-B.-Ferdinand, qu'un brevet nous montre sergent dans la garde royale, aujourd'hui chevalier de la Légion-d'Honneur et capitaine en retraite, né à Cassis le 25 janvier 1798, son père ayant alors près de 79 ans.

Nous avons un ordre d'arrestation lancé d'Aubagne, le 13e jour du 2e mois de la République (sans indication d'année) contre Joseph ci-devant noble et très suspect, avec ordre de le tenir en sûreté jusqu'à première réquisition. Son grand âge le sauva sans doute de la guillotine.

Je ne dois pas omettre le plus beau trait de la vie de Joseph. Le roi des Deux-Siciles lui faisait une pension de retraite égale à la totalité de son traitement, pour ses bons et loyaux services. Joseph aima mieux perdre ces 6,000 fr., qui étaient sa principale ressource, que de prêter serment à Murat, l'usurpateur du trône de son roi légitime. Cette pension fut payée plus tard, mais bien inutilement, par le successeur du roi Ferdinand.

Enfin Joseph-Jean, accablé d'années, mourut à Cassis le 20 janvier 1816, ayant vu sa fortune presque entièrement dilapidée par la Révolution et plus encore par son fils aîné.

X

7e DEGRÉ

Des six enfants de Joseph-Jean un seul survit au moment où nous écrivons ces lignes (1er janvier 1870); c'est M. Ferdinand, brave et loyal militaire, vert vieillard de 73 ans, d'une mémoire parfaite, qui nous a bien aidé de ses souvenirs et de ses vieux parchemins conservés avec un soin religieux. Après trente-deux années de service, il est revenu au pays de ses ancêtres pour lequel il a un véritable culte.

D'où vient donc la ruine d'une famille si puissante par son sang, ses alliances et sa grande fortune? Plusieurs causes amenèrent ce résultat et nous allons les dire avec toute simplicité, l'histoire ne devant jamais mentir. D'abord le grand âge auquel parvint Joseph-Jean et sa cécité mirent bien du désordre dans ses affaires. La Révolution ne dut pas les arranger beaucoup. L'immense quantité d'assignats que possède encore la famille sont peut-être le paiement de leurs biens vendus ou le prix des remboursements que les mauvais payeurs se hâtaient de faire avec ce papier sans valeur. Trois fois ce bon vieillard paya un remplaçant à son fils Charles-Elzéar-Victor, et la troisième fois ce remplaçant coûta 7,000 fr. Chacun sait que l'Empire imposait ces lourds sacrifices. Malgré ces trois remplaçants, Charles est encore enrôlé dans les légions sédentaires. Nous avons, à la date du 24 décembre 1810, un congé de quatre jours pour aller passer dans sa famille, à Cassis, les fêtes de Noël. Il était simple fusilier dans la compagnie de réserve des Bouches-du-Rhône, 24e légion.

D'après la tradition unanime, Charles était ce qu'on appelle trop indulgemment un bon vivant. Abusant de la vieillesse et de l'infirmité de son père, il vend une grande partie de ses biens et la somme disparaît en prodigalités. On l'embarque; son nom, ses études, lui permettraient de se présenter aux examens pour le grade d'enseigne-de-vaisseau. Mais son père meurt sur ces entrefaites; il se croit assez riche pour vivre sans travail et bientôt toute sa fortune disparaît par lambeaux. Nous avons une procuration de ses frères et sœurs qui l'envoyent à Naples en 1816 pour réclamer les arrérages de la pension de leur père. Il y avait dix années d'arriérés; le roi de Naples paie généreusement 60,000 francs; Elzéar ne revient en Provence qu'après les avoir dévorés.

Cependant, le 23 mars 1811, à peine âgé de 23 ans, il avait épousé Marie-Barbe Mauranchon (1), de Cassis. Ils n'habitaient déjà plus le bel hôtel dit la Grande-Maison, parce que c'est en effet la plus grande maison du pays (2).

De ce mariage naquirent onze enfants; la fécondité était un des attributs de cette famille et la rapidité aussi, car tous naissent à dix-huit mois de distance. Les quatre premiers enfants naissent à Cassis, dans la maison qui sert aujourd'hui de presbytère. Mais la misère devient grande. Le descendant de Désiré de Moustier et des Sabran devient simple douanier et plus tard sous-brigadier des douanes

(1) C'est l'origine de la parenté de la famille de Moustier avec celle de M. Peyrot, chevalier de la Légion-d'honneur, inspecteur d'Académie, qui a épousé une demoiselle Mauranchon, de Cassis.

(2) Mme de Garnier l'avait achetée des Moustier; Mlle de Garnier la porta dans la famille de Fontblanche, et celle-ci dans la famille de Villepéis, qui la possède aujourd'hui.

*

aux Martigues, où naissent ses autres enfants. Dans l'impossibilité de leur donner la moindre éducation, il fait de ses garçons de simples ouvriers et ses filles demeurent célibataires ou épousent des journaliers. Nous avons sous les yeux son livret de douanier; il en a fait une sorte de livre de raison; c'est un dernier reflet des usages des anciennes familles. La naissance de chaque enfant y est détaillée avec ses moindres circonstances. Il y a le jour, l'heure, la situation de l'appartement et sa description, les noms des parrains et des marraines. La ruine de cette famille semble irrévocablement consommée quand Charles meurt à l'âge de 77 ans, chez son fils Marcel-Eugène-César, le 26 mai 1865, rue Fontange, 25.

Il n'avait plus pour toute fortune que sa modique pension de retraite de sous-brigadier des douanes.

XI

8e DEGRÉ

L'histoire de la famille de Moustier s'arrête ici. Nous donnons cependant la liste des enfants de Charles-Elzéar-Victor. Qui sait si la Providence ne leur donnera pas plus tard des jours meilleurs !

1. L'aîné, Elzéar-Bruno-Joseph, né le 15 juin 1811, à Cassis, dans la maison de M. Mauranchon, son grand-père maternel, aujourd'hui le presbytère. Il est mort laissant un garçon.

2. Marie-Adélaïde-Anne-Marceline-Azémia, née le 25 juillet 1813, dans la même maison, a épousé Bruno Grandorge.

3. Marcel-Eugène-César, né le 3 novembre 1814, à Cassis, navigue longtemps comme matelot, est aujourd'hui batelier-chef dans la Compagnie générale des Transports

maritimes. Il épouse, le 25 septembre 1851, Marie-Joséphine-Marguerite Blin, et en a deux filles et un fils, dont nous parlerons plus loin.

4. Adolphe-Siméon, né, le 18 février 1816, à Cassis, marié à la Camargue, aujourd'hui retraité des douanes; a trois garçons et trois filles.

5. Marius-Suzanne, né, le 11 août 1818, aux Martigues, et y meurt sans postérité, le 8 août 1822.

6. Marie-Fanny, née, le 30 août 1820, aux Martigues, y vit encore célibataire.

7. Marie-Louise, née, le 8 mai 1822, aux Martigues, mariée en Afrique à M. Bel, capitaine caboteur.

8. Marius-Jules, né, le 12 mai 1824, aux Martigues, habite la Belle-de-Mai; a deux garçons et une fille.

9. Louis-Désiré, né, le 2 septembre 1825, aux Martigues, y meurt fort jeune.

10. Théodore-Clémentine, née, le 11 janvier 1827, aux Martigues, y meurt le 26 mars 1828.

11. Marie-Eléonore, veuve de M. Boulouch, vit à Marseille; a un garçon.

Tous sont de simples ouvriers, gagnant péniblement leur vie, n'ayant du passé que leur nom et leurs souvenirs dont ils sont justement fiers.

XII.

9e DEGRÉ.

Sept enfants mâles portent encore le nom de Moustier. Ils assurent la durée de cette famille et ce meilleur avenir qui ne saurait leur manquer si, par leur bonne conduite, ils demeurent dignes de leurs ancêtres.

1. Le fils d'Elzéar, le chef actuel de la famille, est fort malade. Sa mère, pleine d'intelligence et d'honneur, l'a fait entrer à l'hôpital de Tain où la ville de Marseille paie

sa pension en souvenir des services de ses ancêtres. La famille de Sabran-Pontevès, que l'on retrouve partout où il y a une bonne œuvre à faire, n'oublie pas non plus les anciens liens de parenté qui l'avaient unie aux de Moustier aux temps de leur splendeur.

2. Marcel-Eugène-César a deux filles et un fils, Julien-Marius-Victor, né le 25 février 1858, qui sera le chef de sa famille après son cousin.

C'est pour lui que j'ai écrit ces lignes. Puisse-t-il porter toujours sans tache l'illustre nom que lui lègue son respectable père, et profiter de l'éducation et des principes d'honneur que je tâche de lui dónner !

3. Adolphe-Siméon, retiré à la Camargue, a trois garçons ; j'ignore ce qu'ils deviennent.

4. Enfin, Marius-Jules, ferblantier, à la Belle-de-Mai, a deux garçons et une fille.

XIII.

Le désir d'être utile à la famille de Moustier, de sauver ce nom si marseillais de l'oubli, n'était pas mon seul mobile. Je croyais écrire, en même temps, la notice généalogique d'un des hommes les plus illustres de notre cité, le célèbre Jean-Pierre Moustier cadet, l'immortel échevin de 1720.

Nous savions que bien des savants avaient en vain cherché l'origine de ce grand homme, mais la multitude des documents que nous avions devait, ce nous semblait, nous rendre plus heureux que nos prédécesseurs.

Voici les preuves que nous avions réunies : puissent-elles servir à ceux qui s'occuperont du même travail, en guidant leurs recherches.

1. La tradition de presque tous les membres survivants de notre famille de Moustier, les rattache au célèbre

échevin de 1720. C'est sans doute ce motif qui a déterminé les libéralités de la ville pour le chef actuel de cette famille. C'est le même nom, la même orthographe.

2. L'auteur de la notice : *La Peste de* 1720, aussi érudit que consciencieux, avait tranché la difficulté. Voici ses propres paroles; elles ne sauraient être plus affirmatives : « Singulière coïncidence : *le grand-père* de Moustier « (celui de 1720) était un des consuls en exercice lors de « la peste de 1650. J'ai vu un billet de santé, signé de lui, « à titre de laissez-passer, à un nommé Burle : « Attendu, y « est-il dit, que, grâce à Dieu, la santé est très-bonne à « Marseille. » Ce billet fait, en effet, partie de la riche bibliothèque de M. Laurent de Crozet, où nous l'avons vu de nos propres yeux.

3. *L'Avenir de Marseille*, sous la signature de M. Mary-Lafon, apporte une nouvelle preuve de parenté entre l'échevin de 1720 et notre famille, dans une notice sur Jean-Pierre Moustier.

« Autant qu'on peut le présumer, en l'absence de docu« ments certains, Moustier nacquit à Marseille vers 1670. « Il était fils de François Moustier qui, en 1643, porta la « robe consulaire..... Dans l'inscription suivante, qu'on « vient de découvrir en démolissant l'ancienne basilique « de Marseille, il est qualifié de *de Moustier*. Faudrait-il « en conclure qu'il était seigneur de la terre de Moustier, « dans le diocèse de Riez? »

4. Enfin, on nous avait dit que M. de Granier, demeurant rue du Jardin-des-Plantes, était un parent du célèbre échevin ; nos travaux nous ayant appris qu'il était parent de nos de Moustier, nous en concluions, comme les scolastiques, *quœ sunt eadem uni tertio, sunt eadem inter se.* Sa mort trop rapide, arrivée au moment où nous aurions pu lui demander quelques explications, ne nous a donc laissé qu'une tradition de plus sur la confusion de ces deux familles.

On en conviendra, beaucoup de gens soudent leur généalogie à des maisons illustres, par des raisons qui ne sont pas plus plausibles; et cependant, nous avons le regret de le dire, ces deux familles n'ont absolument de commun que le nom, saus aucun autre lien de parenté; et l'immortel échevin de 1720 restera, comme par le passé, un personnage sans père, sans mère, sans généalogie, sans descendance, jusqu'à ce qu'un Saumaise plus heureux parvienne à découvrir ses actes de baptême et de décès, que tant d'autres ont inutilement recherchés.

En effet : 1° La tradition de famille ne prouve absolument rien. Les héritiers survivants n'ayant aucun genre d'éducation, n'ayant pas même appris à lire, sachant qu'il y avait eu un ou plusieurs consuls dans leur famille, se sont attachés au hasard à tous ceux qui portaient leur nom, et particulièrement au plus illustre de tous, sans autre motif que cette synonymie. Et la preuve de ce que j'avance, c'est que ceux de la Belle-de-Mai se disent parents de l'ambassadeur, ministre de l'Empereur, uniquement parce qu'il s'appelle de Moustier. Le témoignage de M. Ferdinand, le capitaine en retraite, serait seul valable, son éducation et son âge le mettant à l'abri de ces erreurs. Or, jamais il n'a entendu dire qu'il fût parent de Jean-Pierre Moustier, ce qu'il aurait certainement appris par son père, né en 1719 et mort en 1816; un pareil souvenir n'eût pu s'effacer dans sa famille. Lui-même n'a jamais perdu l'occasion de se renseigner sur sa parenté. Étant dans la garde-royale et en garnison à Paris, il sut d'une manière certaine, de la propre bouche de M. de Moustier, père de l'ambassadeur actuel, qu'ils n'avaient rien de commun que le nom, la famille du ministre étant originaire de la Franche-Comté. Je crois donc avoir démontré que cette tradition de famille ne prouve rien par elle-même, surtout après les recherches généalogiques qui m'auraient fait trouver la soudure. Voyons si les autres preuves valent mieux.

2. M. Laforet, racontant les épisodes les plus remarquables de la peste de 1720, n'a traité qu'en passant, et sans les approfondir, les questions qui se rattachent à l'origine de Jean-Pierre de Moustier; de là, les nombreuses erreurs que nous devons relever. Ainsi Antoine de Moustier n'était pas consul en 1650. Il l'a été deux fois, nous l'avons vu en 1639 et 1654. Le billet, sorte de patente-nette délivrée au sieur Burle, peut avoir été signé par Antoine au nom du consul alors en exercice, comme le font tous les jours les secrétaires-généraux des préfectures ou les adjoints des maires, ou bien comme officier de santé. Antoine ne peut être le grand-père de Jean-Pierre puisqu'il n'a eu que des filles. Enfin, et nous reviendrons sur cette raison décisive, les armoiries de ces deux familles sont tout à fait différentes.

3. *L'Avenir de Marseille* s'est trompé sur le père de Jean-Pierre, comme l'auteur de la notice de la *Peste* s'est trompé sur son grand-père.

François de Moustier était, en effet, consul en 1643; mais, outre qu'aucun document d'aucune sorte ne prouve que ce soit le père de l'échevin, nous avons encore les armoiries qui prouvent tout le contraire. Disons, en passant, qu'on peut s'appeler de Moustier sans être seigneur de la terre de ce nom, comme le démontre, jusqu'à l'évidence, la notice généalogique que nous venons de faire. Ce nom Moustier, vieux mot français qui vient de *monasterium*, est excessivement commun dans tous les pays.

4. Enfin, de ce que M. de Granier est allié des Moustier de Cassis (1), cela ne prouve pas qu'il le soit de ceux de

(1) Probablement par le deuxième mariage d'Anthoine avec Rose de Granier. M. Dumon, frère utérin de M. de Granier, possède encore de grands biens à Cassis. Ceux de la famille de Granier ont passé dans celle de Villepéis, par leur alliance, comme nous l'avons dit plus haut.

Marseille, nous retrouvons ici la même confusion d'idées dans la confusion des noms.

Mais voici ce qui nous a surtout éclairés sur l'existence simultanée de deux familles de Moustiers, ayant eu toutes les deux plusieurs consuls ou échevins, ce qui les a fait confondre.

M. le comte Alfred de Clapiers (1) a dans sa magnifique bibliothèque provençale, un volume in-4°, manuscrit, donnant les armoiries de tous les consuls, assesseurs et échevins de Marseille. Il n'en existe, dit-on, que deux exemplaires; c'est ce qu'on appelle l'Armorial du Consulat et de l'Echevinage. Dès que ces magistrats étaient nommés, ils prenaient immédiatement des armes, s'ils n'en avaient pas déjà, ces signes, qui figuraient dans un grand nombre de circonstances, étant de ce temps indispensables. Le recensement de 1696 consacra la possession de ces armoiries dans les familles qui les avaient déjà, ou dans celles qui profitèrent de l'occasion pour s'en faire donner, moyennant finances. Ce fut une de ces mille manières de remplir les coffres du fisc, mis à sec par les désastres de la fin du règne de Louis XIV, le crédit public n'existant pas encore à cette époque. Mais s'il est certain, par l'Armorial du Consulat, et par celui de 1696, publié par M. le comte de Montgrand, que tous les consuls et échevins avaient des armoiries, il est aussi certain que personne n'avait le droit de prendre celles des autres. C'était un signe distinctif que la loi protégeait, comme elle protége aujourd'hui la propriété du nom propre de famille.

Partant de cette donnée, qui nous a paru exacte, nous avons fait le relevé de tous les de Moustier, consuls et

(1) Qu'il veuille bien recevoir ici l'hommage de notre reconnaissance pour la complaisance avec laquelle il a mis ses livres à notre disposition; sans lui nous n'aurions pu résoudre cette question, et l'eussions encore plus embrouillée.

échevins de Marseille, quelles que fussent les diversités d'orthographe de leurs noms. La liste publiée par M. Guindon, dans le 5me volume de l'*Histoire de la Commune de Marseille*, concorde parfaitement avec l'Armorial de M. de Clapiers ; elle donne treize de Moustier ou Moustier tout court, ayant deux blasons différents. Les uns ont d'azur à deux dauphins addossés ou encollés d'or, écaillés de même ou écaillés de sable, car il y a, dans les descriptions, ces petites différences insignifiantes. Les autres portent d'azur au lion rampant d'or, armé et lampassé de gueules, surmonté sur sa tête d'une colombe d'argent, becquée et membrée de gueules, accostée de deux étoiles d'or. Il y a bien aussi quelques différences dans les descriptions, mais ces variantes sont très-petites et changent peu aux armoiries. Ainsi, l'un d'eux a les mêmes armes sommées d'une colombe d'argent. Celles de l'échevin de 1720 sont d'azur au lion lampassé de gueules, surmonté de deux molettes d'or, sans mention de la colombe. C'est une variante un peu plus forte, qui ne change presque rien aux pièces principales de son blason.

Ceci établi, nous trouvons les Moustier suivants dans la famille dont nous venons de faire la généalogie. Qu'on se rappelle que les élections municipales se faisant le 28 octobre, jour de saint Simon et saint Jude, la charge consulaire durait jusqu'au même jour de l'année suivante.

En 1571. Jacques Moustier, 3me consul, 1er degré.

1596, Désiré Moustier, 3me consul, 2me degré.

1603, Pierre Moustier, 3me consul.

1614, Jacques de Moustier, 2me consul.

1618, Pierre de Moustier, 2me consul.

1639, Anthoine de Moustier, 2me consul, 3me degré.

1642, François de Moustier, 2me consul.

1654, Anthoine de Moustier, 1er consul, le même qu'en 1639.

On remarquera que quatre de ces consuls ne figurent point dans cette notice. Il aurait fallu de grandes recherches pour leur assigner un rang; le temps nous a manqué pour le faire, au milieu des occupations sans nombre et bien plus importantes qui nous accablent. Ainsi, Jacques de Moustier, consul en 1614, ne peut être le même que celui qui le fut en 1571; il aurait eu près de 90 ans, puisque son fils était né en 1551. Ce doit être un frère de Désiré dont nous avons perdu la trace.

Pareillement, Pierre, consul en 1603 et en 1618, n'est pas Pierre Ier qui, né en 1595, n'aurait eu que huit ans en 1603 et vingt-trois en 1618, ni Pierre II qui ne naquit qu'en 1625. C'est probablement un autre frère de Désiré, qui nous est encore inconnu.

François, consul en 1642, doit être encore un frère de Pierre Ier, troisième fils de Désiré. Peut-être aussi, sont-ce les enfants de ces nombreux de Moustier que nous avons vu mourir sans que nous sussions leur postérité. Artefeuil en fait marier un à Naples, à une riche Napolitaine, lui donne un enfant, alors encore vivant, sans que nous ayons pu trouver la trace du père ni du fils. Sur ces données on pourrait faire des recherches à la mairie ou chez le notaire de Cassis, et aussi dans les archives du Palais.

Le second blason, d'azur au lion d'or lampassé de gueules, a été porté par cinq consuls qui, d'après nos conjectures, sont les vrais ancêtres de l'échevin de 1720.

En 1612, Simon Moustier, 3me consul.
1644, Simon Moustier, 2me consul.
1683, Simon Moustier, 1er échevin.

Ces trois Moustier ne sont-ils pas le même personnage? C'est possible pour deux d'entre eux, c'est impossible pour tous les trois. En effet, d'après les règlements, il fallait avoir 30 ans pour être consul. Le Simon de 1612 serait donc né en 1582 ; il aurait eu 101 ans en 1683. Il est vrai qu'on observait assez mal ce règlement, mais peu importe. Simon eût-il eu 21 ans seulement en 1612, il aurait eu 92 ans en 1683, ce qui est impossible pour une charge si importante.

En 1714, Jean Jouvenne, 1er échevin, n'ayant pu remplir ses fonctions, fut remplacé par Joseph Moustié qui était peut-être le frère aîné du suivant.

En 1719, Jean-Pierre Moustier cadet, 1er échevin. Ce surnom de cadet, très-usité dans le Midi, en nous apprenant d'une manière certaine que Jean-Pierre avait un aîné, nous donne lieu de croire que Joseph était cet aîné et peut-être que Simon était le père, fils lui-même d'un autre Simon né à peu près en 1580.

Ces deux familles parfaitement distinctes, n'ayant de commun que le nom, sont toutes les deux également illustres dans les annales de Marseille. Celle de Désiré tire sa gloire des événements de la Ligue, de la soumission de Marseille au roi Henri IV, de ses grandes alliances, du rang distingué qu'elle occupe dans notre municipalité, ayant porté huit fois le chaperon.

Celle de Jean-Pierre a marché cinq fois seulement à la tête de notre cité, mais la dernière fois ce fut dans la personne de cet illustre citoyen que l'antiquité païenne nous eût envié, et qui n'a peut-être pas reçu, dans notre ville, tous les hommages que son dévouement méritait de la postérité.

Puissent ces quelques pages donner une direction nouvelle aux recherches qu'on a si souvent faites sur l'origine et, peut-être, la descendance collatérale de cet homme à jamais célèbre, une des gloires les plus grandes et les plus pures de notre pays !

Puisse l'autre famille de Moustier, que nous aurions voulu confondre avec celle du grand échevin, trouver dans cet écrit un dédommagement à ses malheurs présents, une espérance pour des jours plus heureux !

Puissent, mes chers collègues de la statistique, se livrer, avec plus d'habileté que moi, à ces recherches qui conserveront la mémoire des plus anciennes familles de notre illustre cité !

www.ingramcontent.com/pod-product-compliance
Ingram Content Group UK Ltd.
Pitfield, Milton Keynes, MK11 3LW, UK
UKHW032018260826
14628UKWH00006B/2571

9 782012 940260